Für Enno

Vielen Dank an die Biologen der Universität Osnabrück
für die wissenschaftliche Betreuung:
Sebastian Holt, Lars Witte
und meinen Bruder, Roman Walczyk.

JANA WALCZYK

Was raschelt da im Laub?

Edition NILPFERD

Willkommen in der Igel-WG!

Ein kühler Herbstwind fegt durch den Garten. Jetzt, im Oktober, werden die Tage kürzer, und die Sonne lässt sich immer seltener blicken. Viele Tiere fangen an, sich auf den Winter vorzubereiten. Die Bäume tragen kunterbunte Kronen und beginnen ihr Blätterkleid abzuwerfen. Viele Zugvögel treten in dieser Zeit den Weg in Richtung Süden an. Andere Tiere im Garten sind eifrig auf der Suche nach Futter und einem trockenen Platz zum Überwintern.

DER STORCH FLIEGT BEREITS MITTE AUGUST IN DEN SÜDEN.

VORSICHT! HECKENFRÜCHTE SIND FÜR MENSCHEN MEIST NICHT GENIEßBAR ODER SOGAR GIFTIG.

ZUGVÖGEL MACHEN SICH JEDES JAHR GENAU ZUR GLEICHEN ZEIT AUF DEN WEG IN DEN SÜDEN. AN DER TAGESLÄNGE ERKENNEN SIE, WANN ES ZEIT IST, LOSZUFLIEGEN.

RAUCHSCHWALBE

Welches Tier versteckt sich hier unter der Rinde?

BITTE UMBLÄTTERN.

Unter der Rinde

Viele Käfer, Baumwanzen, Schmetterlinge, Fliegen und Spinnen leben dicht unter der Baumrinde. Wenn das Nahrungsangebot knapp wird und die frischen Blätter von Bäumen und Buschen verschwunden sind, dient Rinde einigen Tieren sogar als Nahrung, denn sie bietet viele pflanzliche Nährstoffe.

DIESE RAUPEN LEBEN IM BAUM UND ERNÄHREN SICH VON DER RINDE.

WEIDENBOHRER

Der bunte Trommler

Der Buntspecht frisst alle Insekten und Würmer, die er auf dem Boden, in den Ästen oder unter der Rinde eines Baumes findet. Werden die Insekten im Winter immer weniger, stellt der Buntspecht seine Ernährung um und frisst Nüsse, Samen und Beeren.

BUNTSPECHT

Spechtschmiede

So wird die Stelle genannt, in der der Specht seine Nahrung einklemmt, damit er an den Inhalt rankommt. So klemmt er Nüsse und Eicheln in eine vorher gehackte Spalte und trommelt mit seinem Schnabel so lange auf die Frucht ein, bis er sie zerkleinert hat.

Der Kleiber (auch Spechtmeise genannt) kann als einziger Vogel kopfüber den Stamm eines Baumes hinunterlaufen. Er baut keine eigene Nisthöhle, sondern verkleinert den Eingang z.B. von verlassenen Spechthöhlen mit Lehm. Daher hat er auch seinen Namen – „Kleiber" nannte man früher Maurer von Lehmwänden.

Marienkäfer verbringen den Winter dicht aneinander gedrängt unter der Baumrinde.

KLEIBER

MANCHMAL VERIRREN SICH MARIENKÄFER DURCH GEÖFFNETE FENSTER IN UNSERE WOHNUNGEN. WENN DU EINEN MARIENKÄFER FINDEST, SETZE IHN VORSICHTIG WIEDER INS FREIE.

STOCKSCHWÄMMCHEN

Der Laubbaum im Jahreslauf

Herbst & Winter

Im Herbst bereiten sich nicht nur die Tiere, sondern auch die Laubbäume auf den nahenden Winter vor. Über Lichtsensoren erspüren die Bäume das Kürzerwerden der Tage. Da Blätter viel Wasser verdunsten lassen, der gefrorene Winterboden jedoch kein Wasser aufnehmen und an die Wurzeln weitergeben kann, baut der Baum das Blattgrün ab. Er nimmt dessen Bestandteile wieder in sich auf und nutzt sie zum Überwintern. Übrig bleiben die roten und gelben Farbstoffe, die das Herbstlaub bunt einfärben. Nach und nach wirft der Baum seine Blätter ab. In das abgefallene Laub ziehen allerhand Bewohner ein.

Frühling

Wenn es im Frühling wärmer wird, dann erwacht der Baum aus seinem Winterschlaf. Nun entwickeln sich die Knospen weiter, die der Baum bereits im Herbst gebildet hat. Diese werden bald schon zu jungen Trieben mit Blüten und Blättern.

Sommer

Jetzt ist es richtig schön warm, und der Baum kann nun besonders gut wachsen. Inzwischen trägt er viele grüne Blätter und benötigt viel Licht und Wärme.

HERBSTLAUB DER EICHE

EICHEL, FRUCHT DER EICHE

DURCH DAS UMWANDELN VON CO_2 IN SAUERSTOFF „REINIGEN" BÄUME DIE LUFT UND LASSEN UNS ATMEN.

DIE WURZELN DES BAUMES BRAUCHEN VIEL WASSER, DAMIT ER NICHT AUSTROCKNET.

Sauerstoff und Klima

Bäume filtern mit ihren Blättern Staub und Kohlendioxid (CO_2) aus der Luft und erzeugen mehr Sauerstoff, als sie selbst benötigen. Ein großer Baum kann pro Stunde ungefähr so viel Sauerstoff erzeugen, wie 50 Menschen im gleichen Zeitraum zum Atmen benötigen. Eine große Waldfläche filtert viele Tonnen Schmutz aus der Luft, aber auch ein Baum im Hinterhof kann schon viel bewirken. Deswegen sind Gärten, Parks, Wälder und Regenwälder von überragender Bedeutung für unser Klima und für alle Lebewesen.

AUF DER BLATTUNTERSEITE GIBT ES WINZIGE ÖFFNUNGEN, DURCH DIE DIE LUFT INS BLATT STRÖMEN KANN.

KREUZSPINNE
BRAUNBRUSTIGEL
KASTANIE
HAGEBUTTE
C-FALTER

Die kleine Spitzmaus ist heute schon früh unterwegs. Als nachtaktives Tier erwacht sie normalerweise erst zur Dämmerung.
Zwischen den bunten und trockenen Blättern raschelt es. Eine schwarze Nase taucht auf, gefolgt von einer haarigen, spitzen Schnauze ...
Langsam steckt ein junger Igel den Kopf aus dem bunten Laubhaufen. Der Igel ist bereits vor einigen Tagen hier eingezogen. Mit ihm wohnen viele andere Tiere hier, die allesamt ein warmes Quartier für den Winter benötigen.

Mit eiligen Schritten kommt auch schon das Eichhörnchen angeflitzt. Bevor es zur Nachtruhe wieder in sein Schlafnest, den Kobel, geht, ist es noch auf der Suche nach Futter für sein Nahrungsdepot in der Baumhöhle der alten Eiche. Auch der Igel und die Spitzmaus haben großen Hunger. Mit der Nase auf dem Boden suchen sie schnüffelnd nach etwas Essbarem und setzen sich schließlich fröhlich schmatzend ins Gras.

EICHÖRNCHEN IM HERBST MIT LANGEN OHRPINSELN
Wer hat hier am Apfel geknabbert?
FRÜCHTE KANN DER IGEL NICHT VERWERTEN, DEN WURM IM APFEL ISST ER ABER GERN.

Fleißige Sammler

Eichhörnchen decken sich bereits im Frühherbst mit Vorräten für den Winter ein. Sie sammeln Nüsse, Zapfen, Kastanien, Pilze, Beeren und Schnecken und nagen auch die Rinde von Bäumen an. Sie tragen ihren Vorrat mit dem Maul fort und vergraben ihn dicht unter der Erdoberfläche im Boden oder verstecken ihn in Rinden oder Astgabeln. Ihr guter Geruchssinn hilft den Eichhörnchen, ihren Vorrat im Winter wiederzufinden.

DAS SCHLAFNEST (KOBEL) DES EICHHÖRNCHENS IST WASSERDICHT UND SCHÜTZT VOR KÄLTE.

Wildtiere bei der Futtersuche unterstützen

Mit einem naturbelassenen Garten kann man ein großes, artgerechtes Nahrungsangebot schaffen. Hierfür sollte man einheimische Stauden und Gräser pflanzen, die über den Winter stehen bleiben. Wildobst, Kastanien und Eicheln einfach liegen lassen.

EIN EICHHÖRNCHEN HAT BIS ZU 3000 FUTTERLAGER

Was fressen Igel und Spitzmaus?

Der Igel und die Spitzmaus sind Fleischfresser. Insekten, Schnecken und Regenwürmer gelten als richtige Leckerbissen. Den Winter verbringt der Igel im Winterschlaf. Hier benötigt er keine Nahrung, sondern lebt von seinen Fettreserven.

Die Larven des Haselnussbohrers entwickeln sich im Inneren der Haselnuss. Sie nagen ein winziges Loch, um ins Freie zugelangen und im Boden zu überwintern.

Igel und Spitzmaus

Stachelkleid

Jungigel besitzen ca. 1000, ältere bis zu 7500 Stacheln. Die Stacheln sind 2–3 cm lang und haben eine Dicke von 1–2 mm.

Braunbrustigel:

lateinischer Name:	Erinaceus europaeus	Nahrung:	Schnecken, Insekten, Larven und Würmer
Ordnung:	Insektenfresser	Sinnesleistung:	Schlechtes Sehvermögen, aber hervorragendes Gehör und guter Geruchssinn
Lebensraum: 	Hecken, Feldgehölze, Waldränder, Brachflächen und lichte Mischwälder		

IGEL WERDEN CA. 24 CM LANG UND WIEGEN ETWA EIN KILO.

BRÄUNLICHE FÄRBUNG

IGEL HALTEN SICH GERNE IN DER NÄHE VON MENSCHEN AUF. OFT TRIFFT MAN SIE IN WÄLDERN UND GÄRTEN.

SPITZMÄUSE SIND CA. 6,5 BIS 9 CM LANG UND WIEGEN 6–14 GRAMM.

DIE OHRMUSCHEL IST DEUTLICH SICHTBAR UND DIE SCHNAUZE LÄUFT SEHR SPITZ ZU.

Spitzmaus-Karawane

Im Frühjahr marschiert die Mäusemutter mit ihren Mäusekindern häufig mithilfe einer „Beißkarawane“ in ein neues Quartier. Dabei verbeißt sich die jeweils hintere Maus in die Schwanzwurzel des vorangehenden Tieres. Die Mäusemutter geht stets voran, und die Jungen halten sich aneinander fest. So gehen sie nicht verloren – ganz wie bei Menschenkindern, die einander an der Hand halten.

DAS HERZ EINER SPITZMAUS KANN BIS ZU 1200 MAL IN DER MINUTE SCHLAGEN.

Hausspitzmaus

lateinischer Name:	Crocidura russula	Nahrung:	Insekten, Würmer und andere wirbellose Tiere
Ordnung:	Insektenfresser	Sinnesleistung:	Schlechtes Sehvermögen. Setzt ihre Rufe ein und nutzt das Echo, um sich in einer unbekannten Umgebung zu bewegen.
Lebensraum: 	Wiesen, Hecken, Steinhaufen und Gärten		

Zufrieden und satt spazieren der Igel und die Spitzmaus dicht am Boden zwischen den Blättern des Laubhaufens. Schau, wer sich da versteckt!
Gut getarnt im braunen Laub sitzt eine dicke Erdkröte auf einem Polster aus Moos. Schon bald wird sie dicht am Wurzelwerk eine Erdhöhle graben, in der sie die kalten Tage in der Winterstarre verbringen kann, bevor es sie im Frühjahr zu ihrem Laichplatz am nächsten Gewässer zieht.

GELBFLECHTE
ZUNDERSCHWAMM-
BAUMPILZ
FLECHTEN FÜGEN
GESUNDEN BÄUMEN
KEINEN SCHADEN ZU.
GEDRUNGENER KÖRPERBAU
ERDKRÖTE
RAUE HAUT MIT
VIELEN WARZEN
EICHENMOOS
STREIFENWANZE
IM HERBSTKLEID

FRAẞSPUREN DER HASELMAUS
WEINBERG-SCHNECKE
GEMEINER REGENWURM
ENGERLING (LARVE DES MAIKÄFERS)
HASELMAUS

Zum Schutz vor Frost und Kälte hat sich die Haselmaus bereits ihr Winternest in einem Erdloch eingerichtet und es mit Gräsern und Laub gepolstert. Nachdem sie sich im Frühherbst reichlich Winterspeck angefuttert hat, hat sie nun die Baumkrone verlassen und hält hier unten einen langen Winterschlaf. Erst Anfang Mai, wenn die Tage wieder lang und die Bäume grün sind, wird die Haselmaus daraus aufwachen.

Der nützliche Regenwurm

Regenwürmer lockern den Boden und transportieren Nährstoffe aus dem Erdreich nach oben. Sie fressen Pflanzenreste und scheiden sie anschließend wieder aus. So verwandeln sie abgefallenes Laub in kostbaren Humus. Aus diesem können Pflanzen und Pilze dann die für ihr Wachstum wichtigen Nährstoffe aufnehmen.

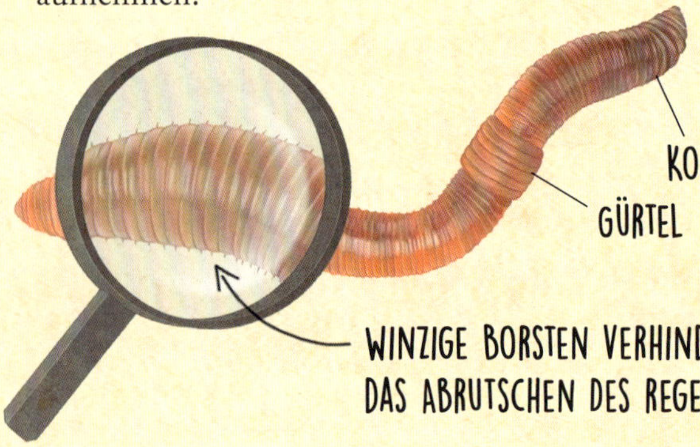

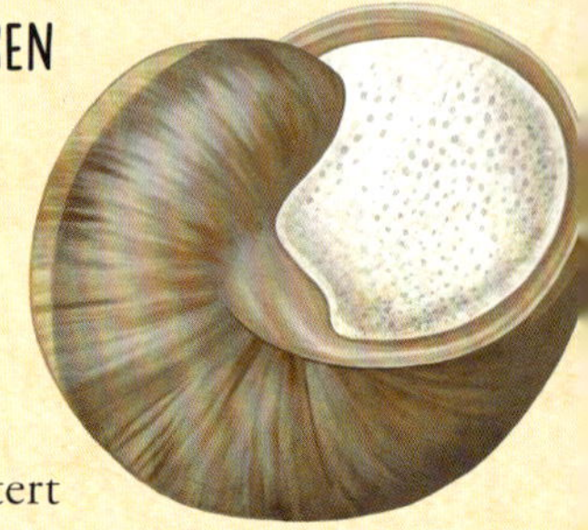

Im Herbst hebt die **Weinbergschnecke** mit ihrem Fuß ein kleines Erdloch aus. Dieses polstert sie mit Pflanzenteilen, bevor sie die Höhle von innen mit Erde verschließt. Danach verschließt sie ihr Gehäuse mit einem Kalkdeckel.

Winter im Ameisenbau

Um sich vor der Kälte zu schützen, verschließen die Ameisen die Gänge des Ameisenbaus mit Baumaterial. Sie krabbeln mehrere Meter tief unter die Erde und fallen in Winterstarre. Der obere Teil des Ameisenhaufens dient als Frostschutz und Wärmespeicher.

Über der Erde und darunter

Überwinterung der Erdkröte

Die Erdkröten verbringen den Winter gut geschützt in tiefen Erdlöchern. Ende März erwachen die Tiere aus dem Winterschlaf. Eine Art innere Uhr der Kröten nimmt die ansteigenden Temperaturen wahr und weckt sie fast alle am gleichen Tag.

Der Maulwurf ist fast blind und muss sich deswegen bei der Suche nach Beute auf seinen Riech- und Tastsinn verlassen. Mit seinen empfindlichen Sinneshaaren kann er seine Umgebung gut ertasten.

ERDKRÖTE IN BODENHÖHLE NAHE DEN WURZELN

Der europäische Maulwurf hat keinen ausgeprägten Tag-Nacht-Rhythmus. Am Tag durchlebt er drei Wach-und Schlafphasen. Meist ist er vormittags, nachmittags und gegen Mitternacht jeweils für 4–5 Stunden wach.

Der Maulwurfshügel

Mit den Vorderbeinen schaufelt der Maulwurf die Erde beiseite und drückt mit seinem Rücken die lockere Erde in den Gängen fest. Da er sich zur Fortbewegung mit seinen Hinterbeinen abstößt, schiebt er jedesmal etwas Erde nach hinten und lässt so den gut bekannten Maulwurfshügel entstehen.

Maulwürfe graben tiefe Gänge, weil sie im Boden ihre Lieblingsnahrung finden: Regenwürmer und Insektenlarven, die sich in der Erde verstecken. Tief im Erdreich sind Maulwürfe außerdem gut vor ihren Feinden geschützt.

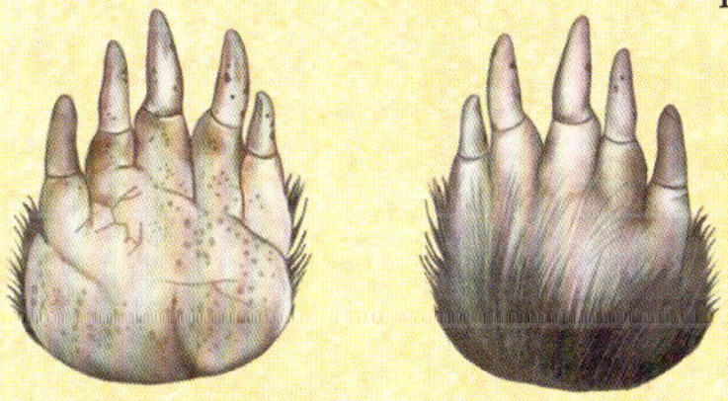

DIE GÄNGE GRÄBT DER MAULWURF MIT SEINEN FÜNFGLIEDRIGEN VORDERFÜSSEN.

MAULWURF

Ein ausgeklügeltes Tunnelsystem

Die Tunnel eines Maulwurfs können bis zu 200 m lang sein. Dieses Tunnelsystem verbindet Nest- und Vorratskammern, die der schlaue Maulwurf angelegt hat.

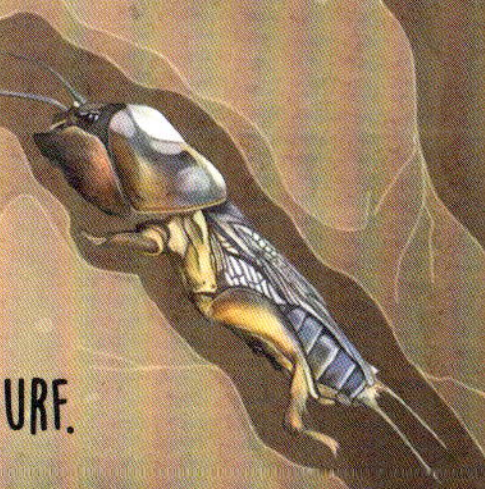

DIE MAULWURFSGRILLE LEBT UNTER DER ERDE UND GRÄBT MIT IHREN GROSSEN GRABSCHAUFELN GÄNGE, ÄHNLICH WIE DER MAULWURF.

Nicht weit von der Haselmaus entfernt haben bereits vier Blindschleichen Schutz vor der drohenden Kälte gesucht. Den Winter verbringen die schlangenähnlichen Echsen gerne in Gruppen und verkriechen sich im Herbst in warme Erdlöcher. Außerhalb des Winters halten sie sich am liebsten da auf, wo es kühl und feucht ist. So kannst du sie ab und zu zwischen Steinen oder Gestrüpp im Garten oder im Wald finden.

Und sieh gut hin: Drei Teichmolche haben sich im Laub versteckt. Sie sind viel kleiner als die Blindschleiche. Kannst du sie finden?

TEICHMOLCH
SAFTKUGLER

Flink huscht der Steinmarder durch den Garten und am Reisighaufen vorbei. Sein Versteck hat er eigentlich im Gestrüpp, in der Hecke oder einem hohlen Baumstamm. Bestimmt ist er gerade auf der Jagd nach einer Maus oder einem anderen Beutetier. Vor Schreck rollt sich der kleine Igel zu einer Kugel zusammen und zieht den Kopf ein. Er sieht nun aus wie ein runder Stachelball. Die Spitzmaus huscht noch schnell unter eine Brennnessel. Der Marder hat die beiden nicht bemerkt. Puh! Gerade noch gerettet!

TEINMARDER SIND AUCH IM
VINTER AKTIV. SIE VERSTECKEN
ICH GERNE AUF DACHBÖDEN,
N BAUMHÖHLEN ODER UNTER
UTOS.

Achtung, Gefahr!

Fressfeinde

Obwohl der Igel nur sehr wenige natürliche Feinde hat, muss er sich besonders vor Dachs und Uhu in Acht nehmen. Diese können den Igel im eingerollten Zustand mit ihren langen Krallen packen, ohne sich zu verletzten. Marder, Fuchs und Iltis werden dem Igel nur gefährlich, wenn er seine Stachelkugel wieder öffnet.

Wühlmäuse sind auch im Winter aktiv, es gibt ca. 150 verschiedene Arten. Sie sind sehr mitfühlend und trösten einander mit ausgiebiger Fellpflege.

So sieht der zusammengerollte Igel von unten aus.

Bei drohender Gefahr rollt sich der Igel binnen einer Sekunde zu einer Kugel zusammen. Sein Stachelkleid schützt den Igel so davor, von seinen Feinden gebissen zu werden.

Kriechtiere und Insekten

Viele Insekten sterben am Ende des Sommers oder überwintern als Larve oder noch jung in ihren Eiern. Diese findet man unter Zweigen, im Laub, unter Steinen oder vergraben in der Erde.

Feuersalamander

Feuersalamander lieben feuchtes und regnerisches Wetter. Mit ganz viel Glück kannst du diesem schwarz-gelben Lurch im Garten begegnen. Über Tag schläft er meist im Totholz, aber abends schiebt er sich gern über die nassen Totholzstämme und macht sich auf die Jagd nach Futtertieren. Seine auffällige Färbung trägt er als Warnung, denn er ist giftig. Die Berührung ist aber ungefährlich, solange man sich nicht anschließend ins Auge oder an eine andere Schleimhaut fasst.

Die meiste Zeit sehen Falter und Schmetterlinge gar nicht aus wie Schmetterlinge. Ihr Leben durchläuft verschiedene Entwicklungsstadien.

DIE GOTTESANBETERIN HAT FÜR IHRE EIER EIN NEST AUS SCHNELL AUSHÄRTENDEM SCHAUM HERGESTELLT.

RAUPE DES ZITRONENFALTERS

NEST DER GOTTESANBETERIN

Zitronenfalter im Winter

Der Zitronenfalter gehört zu den Schmetterlingen, die den Winter überleben, indem er in Winterstarre verfällt. Durch seine gelbe Farbe fällt er anderen Tieren nicht so schnell auf, denn er sieht aus wie ein Stück gelbes Laub.

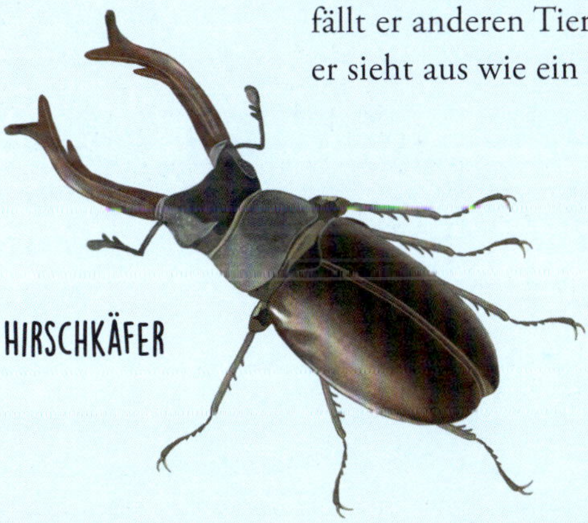

HIRSCHKÄFER

AUSGEWACHSENER ZITRONENFALTER

HIRSCHKÄFERLARVEN ÜBERWINTERN OFT IN TOTHOLZ.

Die Hummelkönigin wird den kommenden Frühling als Einzige aus ihrem Staat erleben. Um zu überwintern, kriecht sie unter die Rinde oder in warmes Moos. Sie gründet im Frühling einen neuen Hummelstaat.

HUMMELKÖNIGIN IM LAUB

Sein Versteck für den Winter hat der Siebenschläfer dieses Jahr in einem alten Baumstamm gefunden. Das morsche Holz hat er bereits im August zusätzlich mit Moos und Gras ausgepolstert und sich so viel Winterspeck angefressen, dass er sein Gewicht beinahe verdoppelt hat. So liegt der kleine Siebenschläfer bequem eingerollt und gut geschützt in einem weichen Nest. Seinen Namen verdankt er wohl seinem lang andauernden Winterschlaf, der über sieben Monate dauert.

IM WINTER SCHLÄGT SEIN HERZ NUR 3–5 MAL PRO MINUTE.
SIEBENSCHLÄFER
DER SIEBENSCHLÄFER GEHÖRT, GENAU WIE DIE HASELMAUS, ZU DER FAMILIE DER „BILCHE".

KÜRBIS LÄSST SICH
GUT AUF DEM KOMPOST
ANPFLANZEN.
GARTEN-BÄNDERSCHNECKE

ASSEL

SPRINGSCHWANZ

ENGERLING

Neben dem großen Apfelbaum befindet sich der Komposthaufen. Der kleine Igel und die Spitzmaus klettern geschickt über den Rand hinweg und landen auf Kartoffelschalen und welkem Salat. Die tiefen Kompostschichten bieten einen guten Platz zur Überwinterung verschiedener Tiere. Durch die Hitze, die bei der Verrottung von Obst, Gemüse und Gartenabfällen entsteht, sind diese auch bei Schnee und Eis gut geschützt.

Welches Tier hat sich im Komposthaufen verkrochen?

Leben im Kompost

Viele der Kompostbewohner, wie Pilze, Milben und Bakterien, können wir Menschen erst mithilfe eines Mikroskops erkennen. Manche der Nützlinge lassen sich allerdings gut beobachten.

KANNST DU ALLE HIER ABGEBILDETEN TIERE IM KOMPOSTHAUFEN AUF DER VORHERIGEN SEITE WIEDERFINDEN?

Springschwänze

Springschwänze sind zahlreich im Komposthaufen zu finden. Sie sind sehr klein und werden nur bis zu 0,5 cm groß. Sie zersetzen alte Pflanzen- und Gemüseabfälle.

Regenwürmer

Regenwürmer lockern durch ihre Gänge den Boden und ziehen Pflanzenreste in die tieferen Schichten des Komposthaufens.

9–30 CM LANG

Asseln

Die Asseln sind bekannte Komposthaufen-Bewohner. Sie sind sehr nützlich und wichtig für den Kompost, denn sie ernähren sich von abgestorbenen Pflanzen und Tieren.

Eine Ringelnatter hat es sich im Komposthaufen gemütlich gemacht. Hier kann sie gut geschützt den Winter verbringen.

DIE RINGELNATTER BESITZT GIFTDRÜSEN, DIE ABER NUR EIN SEHR SCHWACHES GIFT ABSONDERN KÖNNEN. ERGREIFT MAN SIE, STELLT SIE SICH OFT TOT UND FÄNGT AN ZU STINKEN, UM IHREN FEIND ABZUWEHREN.

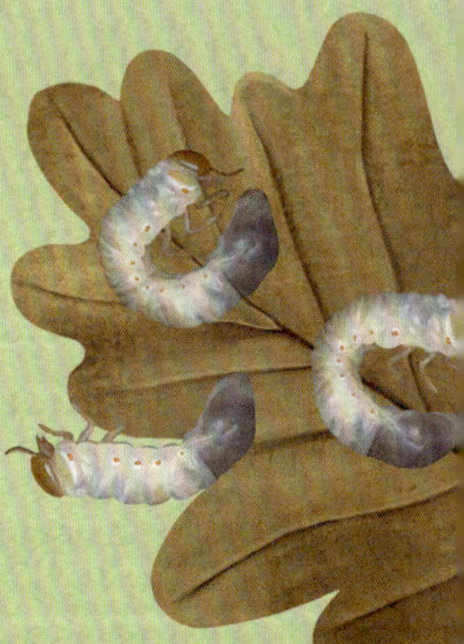

AUCH DER LAUBFROSCH ÜBERWINTERT GERN IM KOMPOSTHAUFEN.

Kompostwürmer

Kompostwürmer leben in den oberen Schichten des Komposthaufens. Man erkennt sie an ihren hellen Ringen. Wie die Regenwürmer graben auch sie tiefe Gänge, die den Komposthaufen gut durchlüften. Außerdem fressen und verdauen sie Pflanzenteile und produzieren durch ihre Ausscheidungen wertvollen Humus.

DURCH DIE VERROTTUNG DER PFLANZEN KANN IM KOMPOSTHAUFEN EINE TEMPERATUR VON 50–60 GRAD CELSIUS ERREICHT WERDEN.

EINE ABWECHSLUNGSREICHE SCHICHTUNG DER PFLANZENABFÄLLE UNTERSTÜZT DEN ZERSETZUNGSPROZESS.

6–13CM LANG

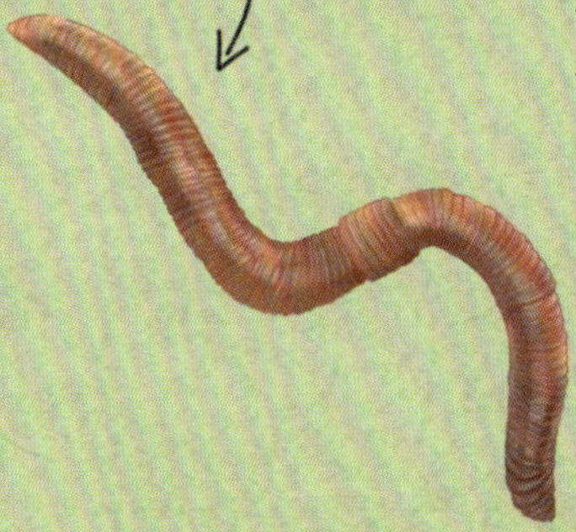

Der Komposthaufen

In den tieferen Schichten des Komposthaufens beginnt der Verottungsprozess. Mikroorganismen wie Bakterien und Pilze zersetzen die Abfälle und wandeln sie in nährstoffreichen Humus um, der den Pflanzen als wertvolle Nahrung dient.

Wildtiere bei der Überwinterung unterstützen

Um Tiere bei der Überwinterung im Komposthaufen zu unterstützen, ist es wichtig, ihnen einen geschützten Zugang zu bieten. Dazu kann man beispielsweise eine kleine Öffnung in den Komposthaufen schaffen, die als Eingang dient. Zudem sollte der Haufen ausreichend mit Laub oder Stroh abgedeckt werden, um den Tieren zusätzlichen Schutz vor Kälte zu bieten.

ALS ENGERLINGE BEZEICHNET MAN DIE LARVEN VIELER KÄFER WIE MAIKÄFER, JUNIKÄFER, GARTENLAUBKÄFER UND ROSENKÄFER.

Schnecken

Die Bänderschnecke hilft fleißig dabei, den Kompost zu verkleinern, indem sie alte Pflanzenteile verspeist.

GARTEN-BÄNDERSCHNECKE

Engerlinge

Auch die Engerlinge des Rosenkäfers sind oft im Komposthaufen zu finden. Sie fressen alte Gartenabfälle und von Pilzen abgebautes Holz.

BÄNDERSCHNECKEN WERDEN AUCH SCHNIRKELSCHNECKEN GENANNT.

EIDECHSEN WERFEN BEI GEFAHR DEN SCHWANZ AB, UM FRESSFEINDE IN DIE IRRE ZU FÜHREN. DOCH KEINE SORGE, DER SCHWANZ WÄCHST ZUM GRÖẞTEN TEIL NACH!

IHR SCHWANZ IST EIN WICHTIGER FETTSPEICHE FÜR DEN WINTER.

Hier in der Hecke duftet es auch nachts noch nach saftigen Beeren. Wenn man ganz genau hinschaut, kann man eine Zauneidechse im Geäst schlafen sehen. Die farbliche Anpassung an die Umgebung dient ihr als Tarnung vor Feinden. Eidechsen suchen schon sehr früh im Herbst ihr Winterquartier auf, z.B. auch in Steinhaufen oder Baumstümpfen. Nachdem das Männchen sich bereits im August genug Fettreserven angefressen hat, folgt ihm im September auch das Weibchen in die Winterstarre, sobald es sich von der anstrengenden Eiablage erholt hat.

GRÜNFINK
BLAUMEISE
ELSTER
GEWÖHNLICHE
EBERESCHE
GEMEINE
SCHAFGARBE

Es ist früher Morgen, die Sonnenstrahlen erhellen langsam den Garten, und der Morgentau glitzert auf den Grashalmen. Langsam erwacht in der Hecke hinter dem Laubhaufen das Leben. Viele verschiedene Vögel kommen heute Morgen zum Fressen hierher. Igel und Spitzmaus haben sich erschöpft von ihrem nächtlichen Ausflug unter der warmen Laubdecke schlafen gelegt. Bald schon wird auch der Igel sich genug Winterspeck angefuttert haben und es sich dauerhaft im Laubhaufen für den Winterschlaf gemütlich machen.
Schlaf gut, kleiner Igel.
Bis zum nächsten Jahr!

Vögel auf Nahrungssuche

Auch in der Vogelwelt steht im Herbst eine Veränderung an. Während die Zugvögel in den Süden reisen, um die kalten Monate an warmen Orten zu verbringen, sind auch die Vögel, die den Winter über hier bleiben, vermehrt zu beobachten, denn Hecken und Büsche voller Beeren und Früchte sind jetzt besonders einladend.

EINE BLAUMEISE PICKT KÖRNER AUS VERTROCKNETEN SONNENBLUMEN, UM SICH RESERVEN FÜR DEN WINTER ANZUFUTTERN.

Blaumeise

Die Blaumeise setzt ihre kleinen Füße geschickt ein, um an Nahrung zu gelangen. Sie klemmt die Körner und Beeren mit den Füßen fest und kann diese dann knacken.

BLAUMEISE

Der Eichelhäher sammelt und versteckt Eicheln für seinen Wintervorrat. Dabei kann er bis zu 10 Eicheln auf einmal transportieren.

MÄNNLICHE AMSEL MIT SCHWARZEM GEFIEDER.

DER EICHELHÄHER KANN STIMMEN ANDERER VÖGEL IMITIEREN.

ALS „WALDPOLIZIST" WARNT ER ANDERE TIERE MIT EINEM LAUTEN RUF VOR STÖRUNGEN.

Rotkehlchen

Obwohl die meisten Rotkehlchen im Herbst nach Süden ziehen, bleiben einige von ihnen hier, um ihr Revier zu sichern. Im Frühjahr haben die heimischen Vögel so einen Vorteil bei der Partnersuche, im Gegensatz zu den Wiederkehrern.

FINDEST DU ALL DIESE VÖGEL IM BILD AUF DER VORANGEGANGENEN SEITE WIEDER?

Wildvögel bei der Futtersuche im Winter unterstützen

Damit Vögel in der kalten Jahreszeit stets gut versorgt sind, kannst du ein Vogelhäuschen oder andere Futterstationen im Garten aufstellen und sie mit energiereichen Futtermischungen, wie Sonnenblumenkernen, Haferflocken und Nüssen füllen. Stelle auch eine Schälchen mit Wasser bereit und achte darauf, die Futterstellen regelmäßig zu reinigen.

Grünfink

Der Grünfink ist einer der häufigsten Singvögel in der Nähe von Menschen. Er freut sich über gut gefüllte Futterstellen und lockt seine Artgenossen mit einem besonderen Ruf zur Mahlzeit.

Amsel

Amseln haben einen besonderen Schnabel, den sie einsetzen können, um knifflige Futterquellen zu plündern. Oft sieht man sie im Herbst in der Nähe von Fallobst und beim Durchwühlen von Komposthaufen.

Elster

Die schlaue Elster versteckt im Winter ihre Nahrung im Boden, um sie vor anderen Vögeln zu schützen.

DIE WEIBLICHE AMSEL HAT BRAUNE FEDERN.

Im Januar liegt eine dicke Schneedecke über dem Land. Wind weht durch die kahlen Äste. Während viele Säugetiere den ganzen Winter über fest schlafen, verfallen Insekten und Amphibien in Winterstarre.

Um Kräfte zu sparen, bewegen sich auch die winteraktiven Tiere wie Fuchs und Reh in dieser Zeit so wenig wie möglich. Nahe der Hecke tummeln sich die Wintervögel, um getrocknete Beeren und Körner zu ergattern. Bald schon werden die ersten Schneeglöckchen und Krokusse blühen. Die Natur wird allmählich aus ihrer Winterruhe erwachen.

GRÜNFINK
ROTKEHLCHEN
AMSEL
RINGELNATTER
SIEBENSCHLÄFER
LARVE DES
HIRSCHKÄFERS
ERDHUMMEL
WÜHLMAUS
MARIENKÄFER
BLINDSCHLEICHEN
IGEL
HASELMAUS
LANGER WINTERSCHLAF
ZWISCHEN OKTOBER
UND APRIL.
ENGERLINGE
REGENWURM
WALDAMEISEN ÜBERWINTERN
TIEF UNTER DER ERDE.
MAULWURF

Dieses Buch erscheint in der Edition NILPFERD.
www.nilpferd.at
www.ggverlag.at

ISBN: 978-3-7074-5246-4

Text: Jana Walczyk
Illustration und graphische Gestaltung: Jana Walczyk
Satz: Annett Stolarski, studioback.at
Hergestellt in Europa.

Gesetzt in der aktuell gültigen Rechtschreibung.
Papier aus verantwortungsvoll bewirtschafteten Quellen.

4., überarbeitete Auflage 2023

Die Edition NILPFERD erscheint im G&G Verlag.

 Aus Umweltschutzgründen wurde dieses Buch auf chlorfrei gebleichtem Papier gedruckt.

FSC
www.fsc.org
MIX
Papier aus verantwortungsvollen Quellen
FSC® C043106

G&G
Gut für Ihr Kind
Gut für die Umwelt
Farben auf Pflanzenölbasis
Lösungsmittelfreie Klebstoffe
Gedruckt auf FSC-Papier
Hergestellt in Europa

NOCH EIN ERFOLGREICHES SACHBILDERBUCH – RANDVOLL MIT INFORMATIONEN UND WUNDERSCHÖNEN BILDERN!

ISBN 978-3707452877

ISBN 978-3707452990

AUCH ALS PAPPE-BUCH FÜR UNSERE KLEINSTEN ENTDECKER.

ERSCHEINT IM FRÜHJAHR 2024

NEUGIERIG GEWORDEN?

Jana Walczyks bezaubernde Natur-Betrachtungen gibt es als Pappe für die Kleinsten und als Sachbilderbücher für die ganze Familie. Wir begleiten den Igel und die Spitzmaus auf ihrer Entdeckungsreise: Wer zieht alles in den Laubhaufen und die Erde darunter, wenn der Winter naht?
Auch an heimischen Gewässern tummeln sich viele Tiere. Vögel, Fische, Amphibien, Insekten haben ihr Zuhause im und am Wasser. Ein Einblick in die Vielfalt der Natur, randvoll mit Informationen, Anregungen und wunderschönen Bildern.